AF295934

NOTICE

DES

TABLEAUX, DESSINS, ESTAMPES, LIVRES,

CURIOSITÉS ÉTRANGÈRES, HISTOIRE NATURELLE,

MATIÈRES PRÉCIEUSES, MÉDAILLES, PIERRES GRAVÉES, TABATIÈRES,

ET QUANTITÉ D'USTENSILES DE PEINTURE,

Composant le Cabinet de feu M. P. H. VALENCIENNES, de l'ancienne Académie Royale de Peinture, et Professeur de Perspective à l'École Royale des Beaux-Arts, Chevalier de l'ordre Légion d'Honneur.

Dont la vente aura lieu en la maison du décédé, quai des Orfèvres, n°. 18, le lundi 26 avril 1819, et jours suivants, onze heures du matin, et 6 heures de relevée.

L'exposition sera publique le dimanche 25, et chaque jour des vacations, de la vente de l'Histoire naturelle et de la Minéralogie, depuis midi jusqu'à 4 heures.

Nota. L'ordre des vacations sera indiqué dans le local.

———————————

LA PRÉSENTE NOTICE SE DISTRIBUE

A PARIS,

Chez MM.
{ GAUDISSART, Commissaire-Priseur, rue de Ménars n°. 9;
LEMAN, Naturaliste, rue du Pot-de-Fer, n°. 12;
PAILLET, Appréciateur-Expert, rue Grange-Batelière, n°. 24;
LAMBOTIN, rue Jacob, n°. 16;
MÉQUIGNON Junior, Libraire, rue de la Harpe, n°. 115.

AVRIL 1819.

ORDRE DE LA VENTE.

Lundi 26 avril, onze heures du matin. Tableaux, Dessins, Estampes, Ustensiles de peinture, et quelques objets de Curiosité.

Ledit jour, six heures de relevée, on vendra les Livres.

Mardi 27, onze heures du matin. Continuation des Tableaux, Dessins et Estampes, s'il y a lieu.

Mercredi 28, et jours suivants, six heures de relevée. Histoire naturelle et Minéralogie, et Meubles à usage de l'Histoire naturelle et de la Minéralogie.

Des annonces postérieures indiqueront la vente des Meubles meublans, Bijoux et Argenterie.

NOTICE

SUR P. H. VALENCIENNES,

Par Charles PAILLET.

Les Muses viennent tout récemment de perdre un de leur plus chers favoris, Pierre-Henri Valenciennes, professeur à l'École royale des Beaux-Arts, chevalier de la Légion-d'Honneur et membre de plusieurs sociétés savantes. A l'âge de vingt-un ans, il reçut ses premières leçons de M. Doyen dont les conseils dirigèrent M. Valenciennes dans le genre historique, qu'il sut associer au talent du paysagiste ; mais il en abrégea les études pour se livrer à celles auxquelles la nature semblait l'avoir destiné. Il partit pour Rome, y fit un séjour de sept années, visita la Sicile, et revint à Paris, l'imagination remplie de la beauté des sites qu'il avait étudiés : il nous les représenta sous des formes variées, et les embellit de ses compositions fécondes. C'est alors que parurent aux premières expositions ses paysages d'un style aimable et savant à la fois, qui fixèrent sa réputation si justement établie. Tous les effets de la nature étaient tellement saisis qu'il semblait disputer de vérité avec elle ; d'heureux épisodes ont souvent accusé le fruit de ses lectures, et nous ont à la fois montré le peintre et le poète.

L'un des rénovateurs du bon goût et du style noble parmi les paysagistes français, il a formé d'habiles élèves qui, par ses conseils, sont devenus aujourd'hui l'honneur de notre école ; son traité de perspective est un ouvrage estimé, et le dictionnaire de tous les étudiants ; ce monument utile confirme ce principe à l'égard de son auteur : « L'art s'illustre par la science, la science se per- » pétue par l'art. »

A toutes les ressources de la peinture, Pierre-Henri Valenciennes joignait encore une infinité de talents ; musicien consommé, compositeur instruit, il trouvait dans cet art un agréable délassement de ses travaux, et d'heureuses distractions dans l'étude de l'histoire naturelle et de la minéralogie. Le cabinet précieux qu'il a laissé est en partie le fruit de ses recherches, continuées jusqu'au moment où sa santé altérée l'a ravi à ses parents, à ses nombreux amis et aux admirateurs de ses talents.

Appelé, par suite de ce funeste événement, à coopérer au classement de son cabinet, je m'applaudis d'avoir pu rendre hommage à un ancien ami de ma famille, dont les éloges superflus n'eussent été qu'un double tribut que chacun s'est plu tant de fois à lui rendre.

PREMIÈRE PARTIE.

TABLEAUX.

OUVRAGES DE FEU M. P. H. VALENCIENNES.

Sujet du Tableau de Démétrius.

1. Mithridate, fils d'Ariobarzane, vivait à la cour du roi Antigonus, qui avait un fils nommé Démétrius. Mithridate, ami de ce jeune prince, était du même âge. Le roi vit en songe Mithridate lui enlever la riche moisson qu'il avait obtenue en semant de la limaille d'or. Il conçut des soupçons contre ce prince, et les révéla, sous serment, à son fils, en ajoutant qu'il avait résolu de le faire mourir.

Démétrius ayant entendu cette terrible résolution, en fut très-affligé, et le même jour Mithridate étant allé le voir, comme à son ordinaire, pour se divertir avec lui, Démé-trius, à cause de son serment, n'osa lui rien dire de ce qu'il avait entendu, mais l'éloigna de ses autres amis, et quand ils furent sans témoins, il écrivit sur le sable, avec le bout de sa pique : *fuis, Mithridate!* Celui-ci comprenant le danger, s'enfuit la nuit suivante en Cappadoce.

Ce sujet est représenté dans un magnifique paysage, dont tous les plans, savamment distribués, offrent une richesse immense de sites variés ; la partie droite est occupée par

une masse de rochers , couronnés d'un temple et près du-
quel on aperçoit l'indication d'une ville. En parcourant
une chaîne de montagnes qui termine l'horison, le specta-
teur promène ses regards sur des rivières , des fontaines,
des pelouses, et arrive à la gauche de la composition dont
l'extrémité se termine par un tombeau ombragé de quelques arbres.

C'est au gouvernement protecteur des talents, prompt et
généreux à les récompenser , qu'appartient ce dernier ouvrage , le Chant du cygne. Il est ici placé autant pour
honorer la mémoire de cet artiste , justement célèbre ,
que pour procurer aux amateurs la vue d'une de ses pro-
ductions les plus marquantes.

Nota. Ce tableau ne fera point partie de la vente.

2. Effet de lune éclairant un Paysage. Le milieu est traversé
par une rivière dont le courant des eaux a rompu la
digue. Quelques fabriques ombragées de pins et de peu-
pliers , et quatre figures de pêcheurs garnissent la partie
droite en opposition avec de belles masses de rochers.
Le tableau porte la date de 1811.

3. Deux autres Paysages indiquant des vues de campagnes
d'Italie.

4. Figure colossale taillée dans le Mont-Athos , et représentant Alexandre-le-Grand , tenant d'une main un fleuve et
de l'autre une ville.

5. Deux belles Études d'arbres.

6. Esquisse, Vue des environs de Naples.

7. Environ cent vingt Esquisses , peintes à l'huile , faites
d'après nature , à Rome , et ayant servi de modèles aux
élèves de feu M. Valenciennes.

Tableaux par différents Auteurs.

VANBLOEMEN dit HORISONTY.

8. Deux Paysages richement garnis d'arbres sur le devant ;
on y distingue aussi des bergers conduisant leurs moutons,
et des cavaliers et gens à pied voyageant ensemble.

Par le même.

9. Un autre Paysage où l'on remarque dans le milieu une
partie de rivière entourée de rochers ; deux bergers assis
sur une pierre, semblent contempler le site qui les en-
toure.

GOUASPRE POUSSIN.

10. Paysage dont les premières places sont garnies d'arbres et
fabriques ; deux figures, homme et femme, occupent la
partie gauche, et les fonds se terminent par une grande
étendue de mer et des rochers dont le sommet se perd
dans les nuages.

11. Autre beau Paysage, dont les différents plans offrent à
la fois des Chutes-d'eau, Fabriques et Chaînes de montagnes.

Attribué à NICOLAS POUSSIN.

12. La Vierge tient, sur ses genoux, l'Enfant Jésus contem-
plé par Saint-Jean, Sainte-Anne et l'Ange. Ce groupe
de figures est dans un Paysage de style sévère.

M. DAVID.

13. Étude faite d'après nature, et donnée à Rome, par l'artiste, à feu M. Valenciennes.

Mlle. GUYOT.

14. Bouquet de Fleurs dans un Vase et posé sur une tablette de marbre.

DESSINS.

15. Quantité de Livres de Croquis, Recueils de Dessins au trait et à la sepia, représentant des Vues de Rome, faites d'après nature, et portant, de la main de M. Valenciennes, le nom du lieu et la date : des Sujets d'animaux, des Etudes d'arbres, plantes, etc., des Costumes et Carricatures, et une infinité de Modèles pour les jeunes artistes. Le tout sera divisé pour la commodité des acquéreurs.

16. Capital Dessin, représentant la bataille de Marengo, par un élève de feu M. Valenciennes.

ESTAMPES.

17. Plusieurs Estampes encadrées, d'après le Poussin, le Gouaspre et Wilson, par Pesne, Chatelin, Vivarès et Wolett.

18. Quantité d'Estampes en feuille, d'après le Bourdon, le Sueur et le Poussin; suite de Paysages et Animaux, gravés à l'eau forte, par Berghem, Both, Everdinghen, Francisque Millé, et autres.

19. Recueils de Monuments de la France, par M^{rs}. Bance et Bourgeois; 7 livraisons.

20. Quelques Tableaux sans cadres, et plusieurs Bordures en lots, seront vendus sous ce numéro, ainsi que les Modèles en plâtre, les Chevalets et Ustensiles relatifs à la peinture.

DEUXIÈME PARTIE.

HISTOIRE NATURELLE.

Cette partie du cabinet de feu M. VALENCIENNES, se compose :

1°. D'une collection de coquillages très-suivis pour les genres, et de zoophytes, ainsi que de plusieurs oiseaux et reptiles, empaillés ou conservés dans de l'esprit de vin ;

2°. D'une très-belle collection d'insectes parfaitement conservés ;

3°. D'une collection de minéraux et divers autres objets qui ont des rapports avec cette partie de l'histoire naturelle.

I. *Collection de Coquilles, de zoophytes et d'autres animaux*

Parmi les nombreux objets qui la composent, nous indiquerons les espèces suivantes comme

étant les plus dignes de fixer les yeux des natura-
listes et des amateurs, soit à cause de leur rareté,
soit à cause de leur conservation ; nous ferons
remarquer d'abord qu'une grande partie des
coquilles est nommée d'après le système et suivant
la nomenclature de M. de Lamarck, avantage
rare et précieux, que presque aucune autre collection ne présente, et qui ajoute beaucoup de valeur
à celle dont nous annonçons la vente ; nous
sommes autorisés à dire encore que tout ce que
cette collection offre de nouveau en coquilles,
a été déterminé et nommé par M. de Lamarck lui-
même.

OISEAUX.

21. Un Coq de Roche, mâle et femelle, parfaitement conservés dans une cage.

REPTILES.

22. Le Caiman à paupières osseuses. (*Crocodylus palpebro-
sus*, var. 1. Cuv.

COQUILLES.

23. Tubicinelle de la Baleine.

24. Vulselle Linguatule.

25. Un Peigne nouveau.

26. La Moule de Japon et celle de Magellan, d'une belle
conservation.

27. Le Marteau, un des plus grands et des plus intacts.

28. Le Marteau blanc.

29. Une nouvelle espèce d'Avicule, et seul individu connu.

30. Plusieurs Mulettes nouvelles des fleuves de l'Amérique septentrionale; *Unio alata*, *cariosa*, *coarctata*, *carinifera*, le seul individu connu de l'*Unio corrugata*.

31. L'Anodonte des Cataractes de l'Amérique septentrionale.

32. La Bistournée.

33. La Rotie. (*Cardita nephretica*.)

34. Un *Concha exotica*, avec ses deux valves.

35. Le Cœur cilié (*Cardium ciliare*, *Lk.*) de l'île Saint-Thomas, et le Cœur bulleux (*Card. bullatum*, *Lk.*), aussi de l'île Saint-Thomas.

36. La Vénus lamelleuse, de la Nouvelle-Hollande.

37. Plusieurs Cythérées nouvelles ou très-rares, la Planatelle, la Nitidule, la Lucinelle, etc.

38. L'Amphidesme phaseoline, nouvelle coquille d'un nouveau genre.

39. Un Donax nouveau.

40. La Langue d'Or.

41. Plusieurs Tellines, nouvelles ou rares, la Lacuneuse, la Nitide, la Donacine.

42. Une Corbeille des Indes.

43. La Tellinoïde de Timor, coquille et genre nouveau.

44. La Cyrène tronquée, coquille et genre nouveau.

45. La Crassatelle de l'île King, rare et précieuse coquille.

46. La Crassatelle subradiée, autre espèce, vivante et exotique.

47. Le Patella distorta de Montaigu, coquille singulière, qui

doit, selon M. Lamark, faire un genre nouveau et être le type d'une nouvelle famille.

48. Une nouvelle espèce de Lutraire.

49. La Solemye de la Méditerranée, coquille d'un genre nouveau.

50. La Massue d'Hercule (*Fistulina Clava* , *Lk.*) deux individus d'une rare conservation.

51. L'Arrosoir. (*Aspergilus Javanus*).

52. Une nouvelle espèce d'Arrosoir de la Nouvelle-Zélande.

53. Une Patelle nouvelle de l'île Sainte-Hélène.

54. Le Pavillon Chinois, ou l'Ombrelle.

55. Le Bouclier Chinois, ou la Scutine.

56. L'Anostome Globuleux, ou Petite Lampe antique.

57. Une Auricule nouvelle de Java.

58. Le Cornet de Chasseur.

59. L'Ampulline.

60. L'Oreille Creuse, espèce rare du genre Haliotide.

61. Une grande et belle Oreille, de la Nouvelle-Zélande.

62. La Dauphinule radiée, coquille fossille, rare.

63. Des Fripières, la coralligène et la pierreuse.

64. Une Bécasse épineuse, entière et à double rang d'épines.

65. Un joli Strombe nouveau.

66. Des Chicorées brûlées et la patte de Crapaud.

67. Un Concholepas très-beau.

68. La Licorne lisse des Indes.

69. La Volute zèbre.

70. La Volute zig-zag.

71. Une petite Navette.

72. La Porcelaine , dite le Firmament ou la Biche.

73. La Porcelaine, dite le Lièvre.

74. Le Cone, très-rare , dit Cedo-nulli.

75. L'Amiral.

76. Le seul Individu connu à Paris, du Cone royal (*Conus regius Hivass.*)

77. Une belle Aile de Papillon.

78. Les Cones Omaria et Scabre , très-rares.

79. Plusieurs branches de Corail.

Cette Collection renferme plus de 2,000 objets divers, en Coquilles, et en Zoophytes ; les bornes étroites d'une notice nous obligent à passer sous silence beaucoup d'autres indications intéressantes.

II. *Collection d'Insectes.*

Elle comprend plus de trois mille Insectes ; on y compte un grand nombre d'espèces exotiques. La classe des Lépidoptères se fait remarquer par sa richesse et la rareté d'un grand nombre des espèces. Celles des Orthoptères et des Coléoptères présentent également quantité de beaux Insectes. Le Paris, le Menelas, le Porte-Lanterne, les Menthes exotiques , la Mouche-Feuille, le Manticore, les Buprestes les plus beaux, s'y présentent avec leur forme bizarre , et avec leurs brillantes couleurs. Cette Collection sera détaillée à la vente. Les personnes qui se proposeraient d'acheter des Insectes, sont invités à se munir de boîtes à fond de liège.

III. *Collection de Minéraux.*

Elle est formée de trois parties ; une collection de Minéralogie, proprement dite, où l'on remarque les pièces suivantes :

80. Un Morceau cristallisé et très-beau de la Prehnite du Cap-de-Bonne-Espérance.

81. Un autre Morceau poli sur un côté, de la même substance.

82. Un beau morceau d'Essonite ou Kannelstein de Ceylan, poli sur une face.

83. Quatre belles Pierres de Lune de Ceylan, variété du Feld-spath chatoyant.

84. Une Émeraude sur sa gangue, de Santa-Fé de Bogota.

85. Un Cristal d'Euclase, substance dont tout le monde connaît le haut prix. La collection de M. Valenciennes est une de celles qui ont présenté les premières cette précieuse pierre.

86. Un petit Fragment de Diaspore.

87. Un morceau de Dichroïte, du Cap de Gates.

88. Deux pierres roulées du Dichroïte, dit Saphir d'eau.

89. Une belle pièce de Strontiane sulfatée de la mine de soufre, dite la Catholica, près de Girgenti (l'ancienne Agrigente,) en Italie.

90. De beaux Grouppes à gros cristaux de chaux phosphatée de Saxe.

91. Diamants bruts.

92. Des mines d'Argent très-riches.

93. Mines d'or également très-riches.

94. Un superbe morceau de Fer natif météorique de Sibérie de celui dit *fer natif de Pallas*.

95. Un autre morceau plus petit.

96. Un beau morceau d'Étain de bois du Mexique.

97. Mercure argental du Palatinat.

98. De petits Saphirs bruts cristallisés, etc., etc., et nombre d'autres pièces importantes.

La deuxième partie de la Collection de Minéralogie, est celle des roches et des pétrifications ; parmi les premières se fait remarquer :

99. Le Porphyre globulaire, ou Pyroméride de Corse.

La deuxième partie de la Collection de Minéralogie est celle des matières polies ou les Plaques, des pierres fines taillées et de quelques pierres gravées.

Les Plaques sont au nombre de plus de mille, et de toutes espèces d'Agates, de Jaspes, de Granits, de Porphyres, de Marbres et brèche ou Lumachelles antiques et modernes. On y doit remarquer :

100. Une superbe Plaque de la belle et rare Lumachelle, dite d'Astracan.

101. Une Plaque non moins belle de la même substance.

102. Des fragments nombreux de Lapis-Lazuli.

103. Une petite Plaque de Malachite.

Les pierres fines sont peu nombreuses, elles comprennent un petit Diamant taillé, un Rubis oriental, des Turquoises occidentales, deux jolies petites Opales, etc.

Parmi les pierres gravées qui sont presque toutes d'artistes modernes, on doit distinguer :

104. Une Tête de Méduse d'un bon travail, et en relief Agate.

A cette Collection se trouve annexée une série de plus de 1200 empreintes en soufre de pierres gravées, anciennes et modernes, qui par leur conservation et les sujets qu'elles représentent, méritent de fixer les yeux des antiquaires.

Le cabinet de M. Valenciennes ne se borne pas seulement à ses Portefeuilles de Dessins et Estampes, ni à l'Histoire naturelle; il présente encore des objets de curiosités qui seront également vendus publiquement, par exemple :

105. Un petit Vase étrusque.

106. Nombre d'objets d'ornemens, et d'armes de Sauvages d'Amérique ou des peuples d'Afrique, etc.

107. Divers objets chinois, etc., etc.

TROISIÈME PARTIE.

LIVRES

Qui seront vendus en une seule séance, le lundi 26 avril 1819, six heures de relevée.

On commencera par beaucoup de Livres qui n'ont pas été insérés.

1. OEuvres de Pline le Jeune, trad. avec le latin en regard, par de Sacy. Paris, 1808, 3 vol. in-12, basane, peints par...

2. Dict... d'Histoire naturelle. Paris, 1810 et suiv. Les 27 premiers vol. in-8°, demi-rel... ; ... des animaux...

3. Commentaires hiéroglyphiques, ou images des choses de Jan Pierius, trad. par Chappuys. Lyon, 1676, in-f°., fig.

4. Philosophie Chimique, ou vérités de la chimie moderne, par Fourcroy. Paris, an 3, in-8°.

5. Tableau comparatif des résultats de la cristallographie et de l'analyse chimique, par Haüy. Paris, 1809, in-8°., fig.

6. Recueil de plusieurs pièces sur la physique et la chymie, in-4°., fig.

7. Traité de minéralogie, par Haüy. Paris, 1801, 4 vol. in-8°., v. m. fil., et un vol. de planches in-4°. oblong.

8 Minéralogie à l'usage des gens du monde ; par Pujoulx. Paris, 1803, in-8°., fig.

9 Tableau méthodique des minéraux ; par Daubanton. Paris, an 7, in-8°.

10 Tableau des espèces minérales ; par Lucas. Paris, 1806, 2 vol. in-8°. ; v. m. fil., fig.

11 Lettres minéralogiques et géologiques sur les volcans de l'Auvergne ; par Lacoste. Clermont, 1805, in-8°., bas.

12 Traité des caractères physiques des pierres précieuses ; par Haüy. Paris, 1817, in-8°., fig.

13 Dictionnaire Botanique et pharmaceutique. Paris, 1804, 2 vol. in-8°., demi-rel., fig.

14 Traité des arbres fruitiers ; par Duhamel du Monceau. Paris, 1768, 2 vol. in-4°., *en feuilles*, fig.

15 80 dessins pour le traité des arbres fruitiers de Duhamel, peints par Mlle. Parrocel. Chaq fig. encadrée.

16 Zoologie analytique, ou méthode naturelle de classification des animaux ; par Duméril. Paris, 1806, in-8°.

17 Histoire naturelle des quadrupèdes ovipares, des serpens, des poissons et des cétacés ; par M. de la Cépède. Paris, 1788 et suiv., 8 vol. in-4°., v. rac., fig.

18 Système des animaux sans vertèbres ; par Lamarck. Paris, 1801, in-8°., v. m. fil.

19 Tableau des caractères génériques des insectes ; par Latreille, Paris, an 5, in-8°. — Idem ; par Olivier, in-8°., manuscrit.

20 Histoire abrégée des insectes ; par M. Geoffroy, Paris, 1764, 2 vol. in-4°., v. m. fig.

21 Mémoires pour servir à l'histoire des insectes ; par Reaumur. Paris, 1734, 6 vol. in-4°., v. f., fig.

22 Fauna insectorum Germanica initia , auctore Panzer.
Nurenberg , 1796 et suiv.; 38 vol. in-12, oblong , demi-
fig. coloriées.

23 Lepidoptera sedemontana illustrata a Leonardo de Prun-
ner. Aug. Taurinorum , 1798 , in-8°. , bas. , fil.

24 Icones insectorum præsertius rossiæ et siberiæquæ collegit
et descripsit pet. Pallas. Erlaugæ , 1781. — Wulfen des-
criptiones quorumdam capensium insectorum. Erlaugæ ,
1786 , in-4°. , fig. col.

25 Conchyologie systématique , ou classification méthodique
des coquilles ; par Denys de Montfort. Paris , 1808 , 2 vol.
in-8°. , demi-rel. , fig.

26 Traité sur la manière d'Empailler, et de conserver les Animaux , les Pelleteries et les Laines ; par l'abbé Manesse.
Paris , 1787, in-12.

27 Voyages Astronomiques, dans la sénatorerie de Dijon ; par
François de Neufchâteau. Paris , 1806 , in-4°. , br.

28 Journal Polytechnique , ou Bulletin du Travail fait à l'É-
cole centrale des Travaux publics. Paris , an III et suiv.,
7 premiers cahiers , en 4 vol. in-4°. , demi-rel. , fig.

29 Dictionnaire des Arts et Métiers ; par Jaubert. Paris ,
1773 , 6 vol. , petit in-8°.

30 Dictionnaire des beaux Arts. Paris , 1788, 3 vol. in-4°. ,
dont 1 de planches , v. rac.

31 Histoire de l'Art chez les Anciens ; par Winkelmann , trad.
de l'allemand ; par Huber. Leipsig , 1781 , 3 vol. in-4°. ,
v. m.

32 Lettres familières de Winckelmann. Amst. , 1781. —
Recueil de différentes Pièces sur les Arts ; par le même.
Paris , 1786, 3 vol. in-8°. , v. v. , rac. , fil.

33. Description de l'Art de fabriquer les Canons, par Monge. Paris, an II., in-4°., fig.

34 Traité des Feux d'Artifice. Paris, 1747, in-8°., v. m., fig.

35. Pasigraphie, ou Premiers Éléments de l'Art d'écrire et d'imprimer, de manière à être lu et entendu de toute autre langue sans traduction. Paris, 1797, in-4°.

36 L'Art de Peindre, trad. en vers français du poëme latin de Dufresnoy. Paris, 1789, in-8°.

37 L'Art de Desseigner, de maitre Jean Cousin. Paris, 1653, in-4°. oblong, fig.

38 Considérations sur les Arts du Dessin en France; par Quatremer de Quincy. Paris, 1791, in-8°.

39 La Perspective curieuse de Nicéron, avec l'Optique et la Catoptrique de Mersenne. Paris, 1652, in-fol., fig.

40 La Perspective pratique. Paris, 1679, 3 vol. in-4°., fig.

41 Éléments de Perspective pratique, à l'usage des Artistes; par P. H. Valenciennes. Paris, an VIII., in-4°., fig.

42 Raisonnement sur la Perspective, pour en faciliter l'usage aux Artistes. Paris, an XI., in-4°., br., fig.

43 Traité de Perspective, par David. Paris, 1804, in-4°., v., rac.; dent., Dr SY E., fig.

44 Traité de Perspective Linéaire, à l'usage des Artistes; par Lespinasse. Paris, 1801, in-8°., v. m., fig.

45 De la Composition des Paysages; par René Girardin. Paris, 1805, in-8°.

46 Essai sur le Paysage; par Lecarpentier. Paris, 1817, in-8°.

47 Théorie du Paysage; par Deperthes. Paris, 1818, in-8°., pap. vél., br.

48 Études d'Ombres, par Léveillé. Paris, 1812, in-4°., fig.

49 L'École de la Miniature, ou l'Art d'apprendre à Peindre sans Maître. Paris, 1769, in-12, v. m.

50 Observations sur quelques grands Peintres, par Taillasson. Paris, 1807, in-8°.

51 Recherches sur l'Art statuaire, considéré chez les anciens et chez les modernes. Paris, 1805, in-8°., v. m. fil.

52 De l'Usage des Statues chez les anciens; Bruxelles, 1768, in-4°., fig.

53 Abrégé d'Anatomie, accommodé aux arts de Peinture et de Sculpture; par Fr. Tortebat, Paris, in-fol.

54 Miologie pittoresque; 1776, in-12, manuscrit.

55 La Favola di Psyche disegnata da Raffaelle Sanzio da Urbino, colla spiegazione; in-octava rima; Roma, 1774, in-4°. oblong.

56 The Ruins of Palmira, Otherwise; Tedmor, in-the Desart. Lond., 1753, grand in-fol.

57 Les Illustres Français, ou Tableaux historiques des grands Hommes de la France; gravés par Ponce, d'après les dessins de Marillier, in-fol.

58 Régle des cinq Ordres d'Architecture de Vignole. Amsterdam, in-fol.

59 Les dix livres de l'Architecture de Vitruve, trad. en français avec des notes; par Perrault. Paris, 1684, in-fol., fig.

60 Il Vignola illustrato proporto da Giamb. Stempani e Antonini. Roma, 1770, in-fol., fig.

61 Régle des cinq Ordres d'Architecture, selon Vignole; dessinée et gravée par Michelinot, in-fol.

62 Rapport sur les Sépultures ; par Cambry. Paris, an VII, in-4°., fig.

63 Fastes d'Ovide, trad. avec le latin en regard, et des notes, par Bayeux. Paris, 1783, 4 vol. in-8°., v. rac., fil., fig.

64 Métamorphose d'Ovide, trad. avec des remarques ; par Banier. Paris, 1787, 3 vol. in-12, v, m., fig.

65 Il Pastor fido, dal Guarini. Parigi, 1768, petit in-12, v. m. fil. d. s. t.

66 Poésies d'Ossian, trad. sur l'anglais de Macpherson ; par Letourneur. Paris, 1777, 2 vol. in-8°., v. porph. fil.

67 Œuvres de Molière avec les notes de Bret. Paris, 1804, 6 vol. in-8°., v. rac., fil., fig.

68 Œuvres de J. Racine. Paris, 1779, 3 vol. petit in-12, v. m.

69 Amours de Daphnis et Chloé. 1718, in-12, mar. r., fig.

70 Voyages d'Anténor en Grèce et en Asie. Paris, an VIII, 5 vol. in-18, bas., fil., fig.

71 Contes et Nouvelles en vers, par La Fontaine, Amst., 1762. (Édition dite des Fermiers Généraux), 2 vol. in-8°., mar., r. fil., d. s. t., fig.

72 Dictionnaire de la Fable, par Noël. Paris, 1803, 2 vol. in-8°., v. rac., fil.

73 Œuvres de J. J. Rousseau. Paris, 1786, 39 vol. in-8°., v. éca., fil., fig.

74 Dictionnaire de Géographie ancienne et moderne, par Boiste. Paris, 1806, 2 vol. in-8°. et 1 vol. d'Atlas, bas.

75 Atlas national de la France. Paris, 1791, in-4°. obl., cartes coloriées.

76 Voyage en Syrie et en Égypte, par Volney. Paris, 1767, 2 vol. in-8°., v. rac., fil., cartes.

77 Atlas du voyage en Nubie et en Abyssimie, par Bruce.
Paris, 1792, in-4°.

78 Voyage pittoresque à l'Ile de France, au Cap de Bonne-
Espérance et à l'île de Ténériffe, par Milbert. Paris, 1812,
2 vol. in-8°., et Atlas in-4°., bas., fil.

79 Voyage dans les États-Unis d'Amérique, en 1795, 1796
et 1797, par La Rochefoucauld-Liancourt. Paris, an VII,
5 vol. in-8°., v. m., cartes.

80 Voyage de découvertes aux terres australes, de 1800 à
1804, redigé par Peron. Paris, 1807, 3 vol. in-4°., dont
un d'Atlas, demi-rel.

81 Dictionnaire universel des mœurs, lois, usages, etc., des
quatre parties de la terre. Paris, 1772, 4 vol. in-8°., v.
mar.

82 Coutumes civiles et actuelles de tous les peuples connus,
par Grasset de Saint-Sauveur. Paris, 1784, in-4°., fig. col.

83 Histoire naturelle de Diodore de Sicile, traduite par Ter-
rasson. Paris, 1737, 7 vol. in-12, v. m.

84 Pausanias, ou Voyage historique de la Grèce, par Gedoyn.
Paris, 1731, 2 vol. in-4°., v. m., fig.

85 Voyage du Jeune Anacharsis en Grèce, par Barthélemy.
Paris, 1789, 7 vol. in-8°., bas.

86 L'Ordre des Francs-Maçons trahi, et le secret des Mopses
révélé. Amst., 1762, in-8°. br.

87 Introduction à la science de Blason. In-fol. br.

88 Recueil d'Antiquités égyptiennes, étrusques, grecques,
romaines et gauloises, par Caylus. Paris, 1761, 7 vol.
in-4°., fig.

89 Calcographia di Roma. Rome, 1779, 2 tom., 1 vol. in-4°
oblong.

90 Admiranda romanarum antiquitatum ac veteris sculpturæ

Vestigia , à Petro Sancti Bartolo delineata incisa ; cum
notis Bellorii. Romæ , 1693 , in-f°. , oblong.

91 Pitture dipinte nella volta della Capella Sistina nel Va-
ticano in Roma. Mich. Angelus Sinxit , Adam sculptor
incidit. Romæ , 1775 , in-4°. — ni Atlas in

92 Calcographia della Colonna Antonina divisa , in CLI
tavole , estratto dall'deographia del Domenico Magnan
Minimi. Romæ , 1779 , in-f°.

93 Veteres arcus Augustorum triumphis insignes , restituti
antiquis numis nousque Jo. Pet. Bellorii ; per Jacobum
de Rubeis æneis typis vulgati. Romæ , 1690 , in-f°.

94 Antiquités d'Herculanum , gravées par David , avec des
explications , par Sylvain Maréchal. Paris , 1780 , 14 vol.
in-4°. , v. m. , fig. , 7 vol. de texte , 7 vol. de figures.

95 Villa Borghese , con l'ornamenti , che si asservano nel
di lei Palazzo , in Roma , 1700 , in-8°. , fig.

96 Le Muséum de Florence , ou collection des pierres gravées,
et médailles du cabinet du duc de Toscane , dessiné et
gravé par David , avec des explications ; par Mulot.
Paris , 1787 , in-4°.

97 Vies des hommes illustres de Plutarque , trad. par Dacier.
Paris , 1762 , 14 vol. in-12 , v. m.

98 Histoire de Jeanne d'Arc , par Le Brun de Charmettes.
Paris , 1717 , 4 vol. in-8°. , demi-rel.

*La présente Notice se distribue , à Paris , chez Méqui-
gnon junior , libraire , rue de la Harpe , n°. 115.*

Nota. L'ouvrage de M. Valenciennes , sur la perspective , épuisé
depuis long-temps , sera vendu avec le droit de propriété , les manus-
crits et les cuivres , en l'étude de M°. Ducorps , notaire , rue de Cléry,
n°. 5. De nouvelles annonces indiqueront le jour de la vente.

DE L'IMPRIMERIE D'EVERAT , RUE-DU-CADRAN , N°. 16.